Kk

Kk

Kk

k

keys

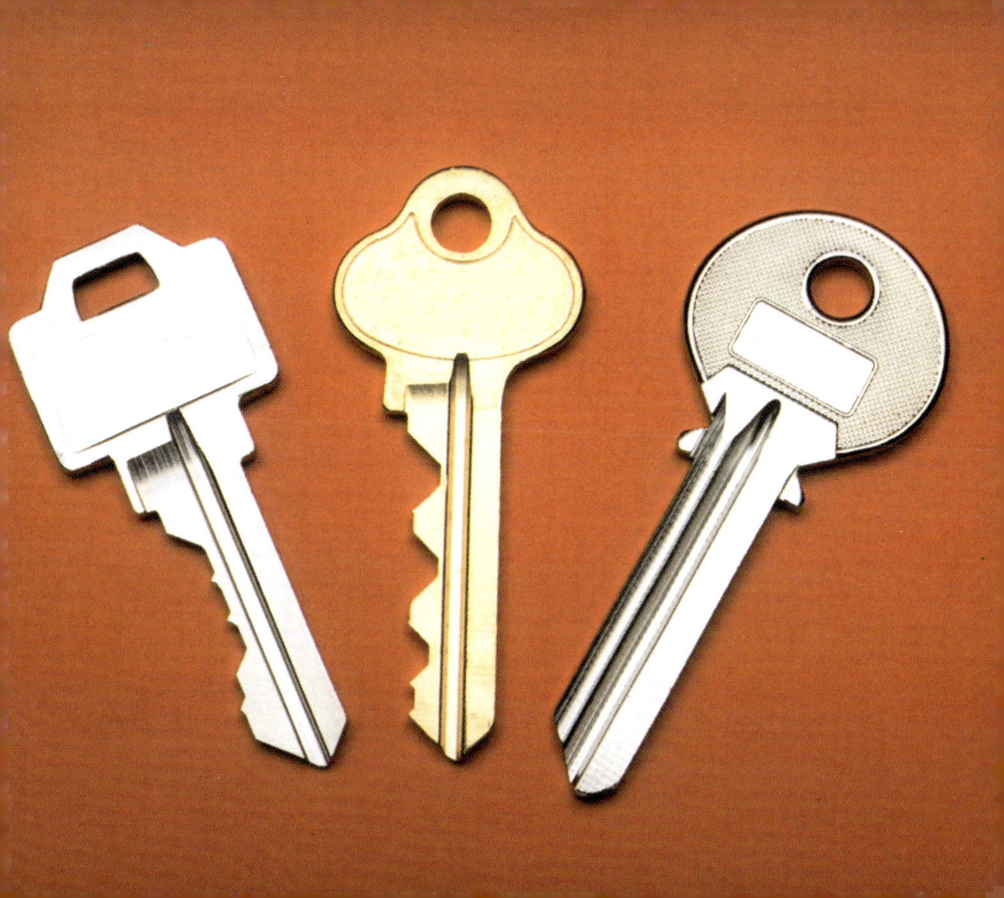

kangaroo

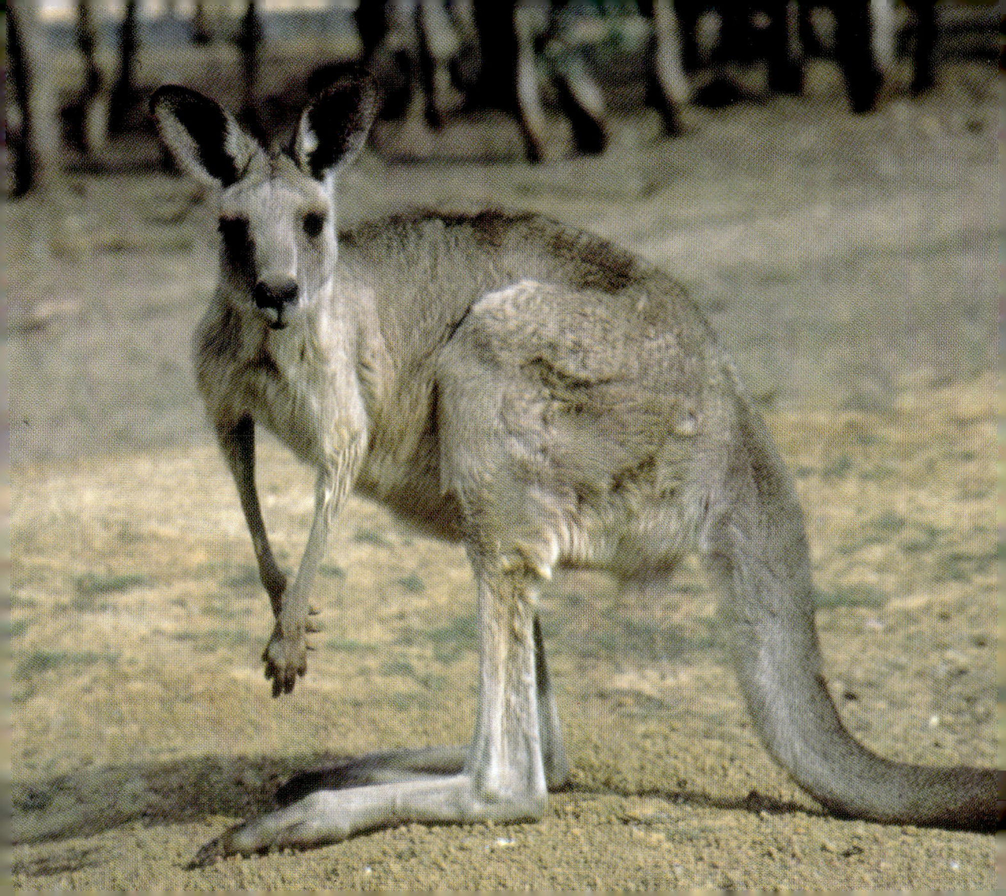

kitten

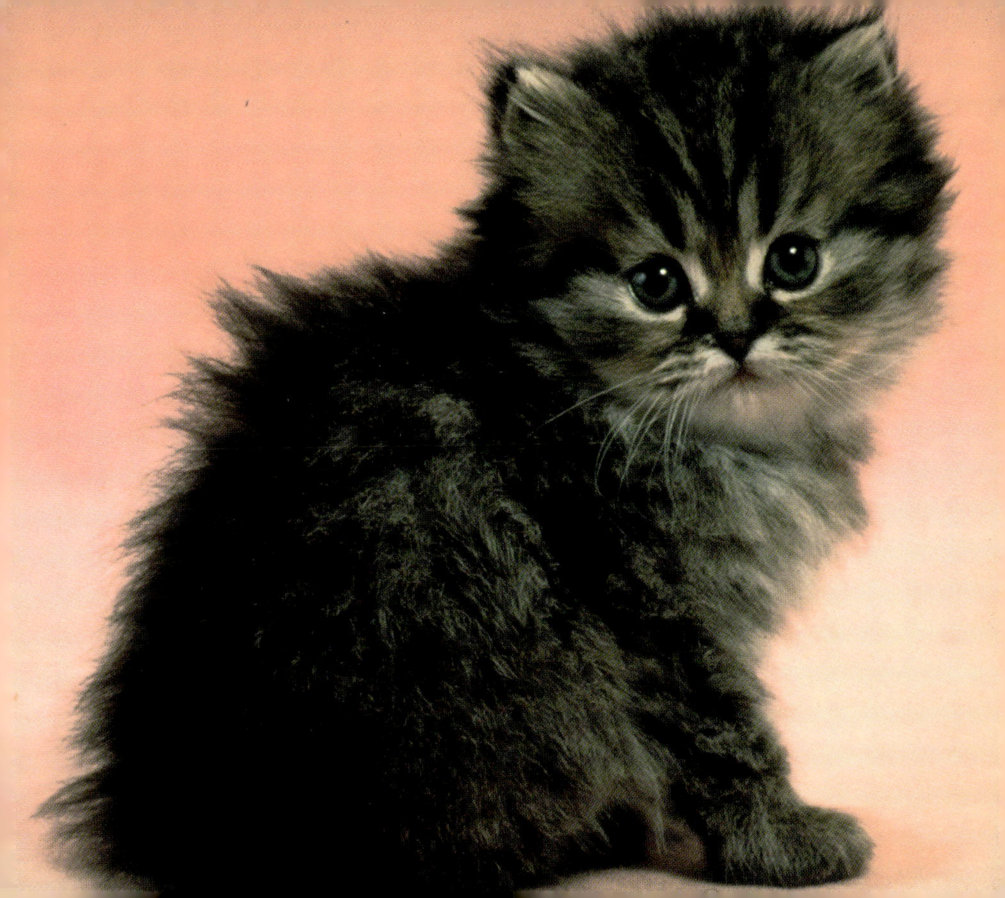

koala

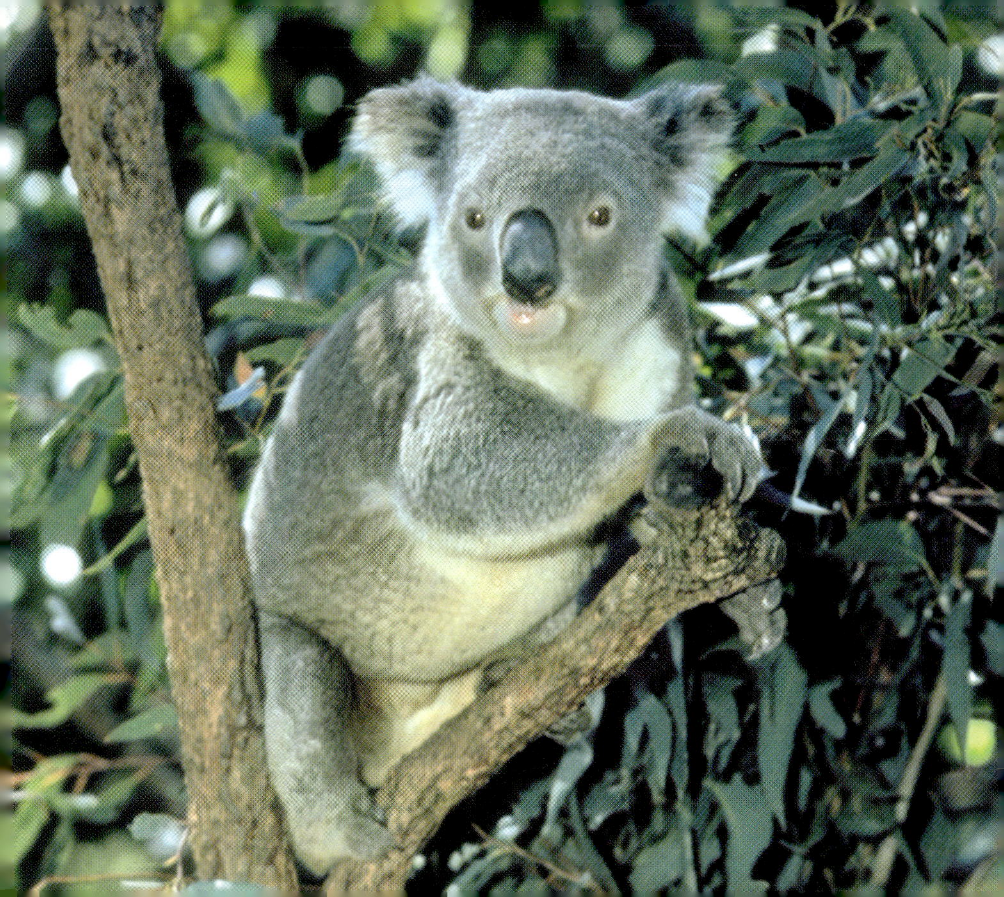

kites

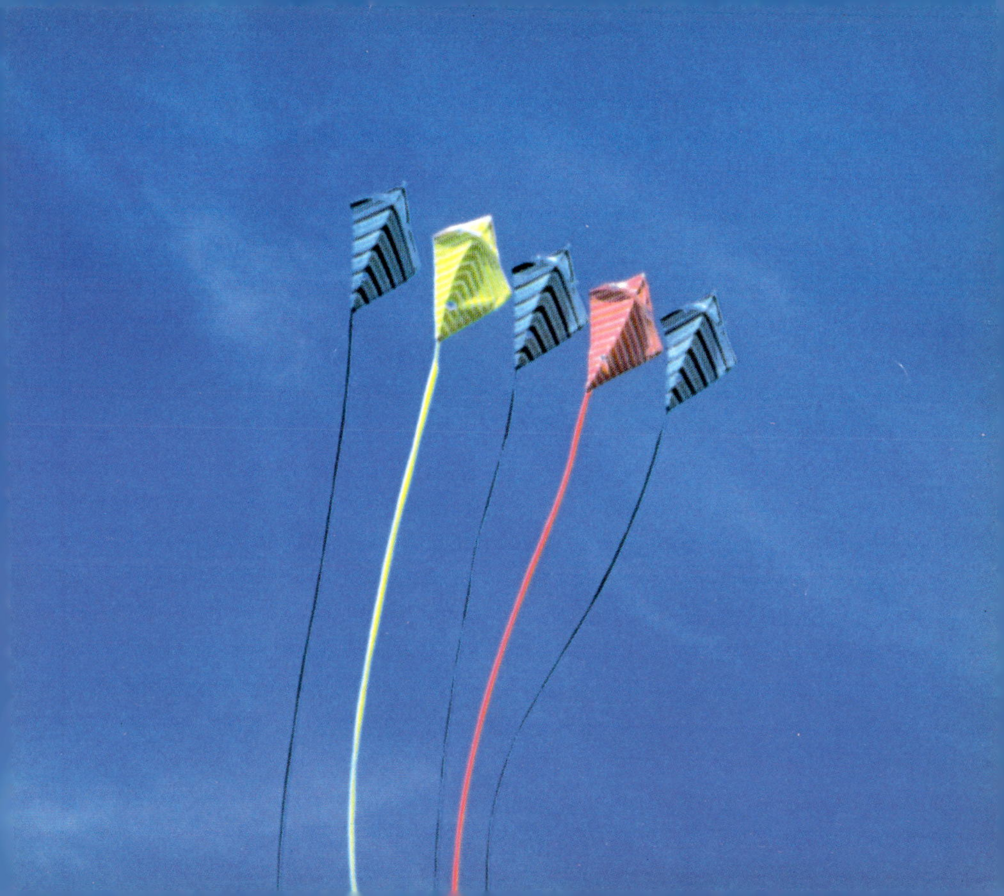

kid

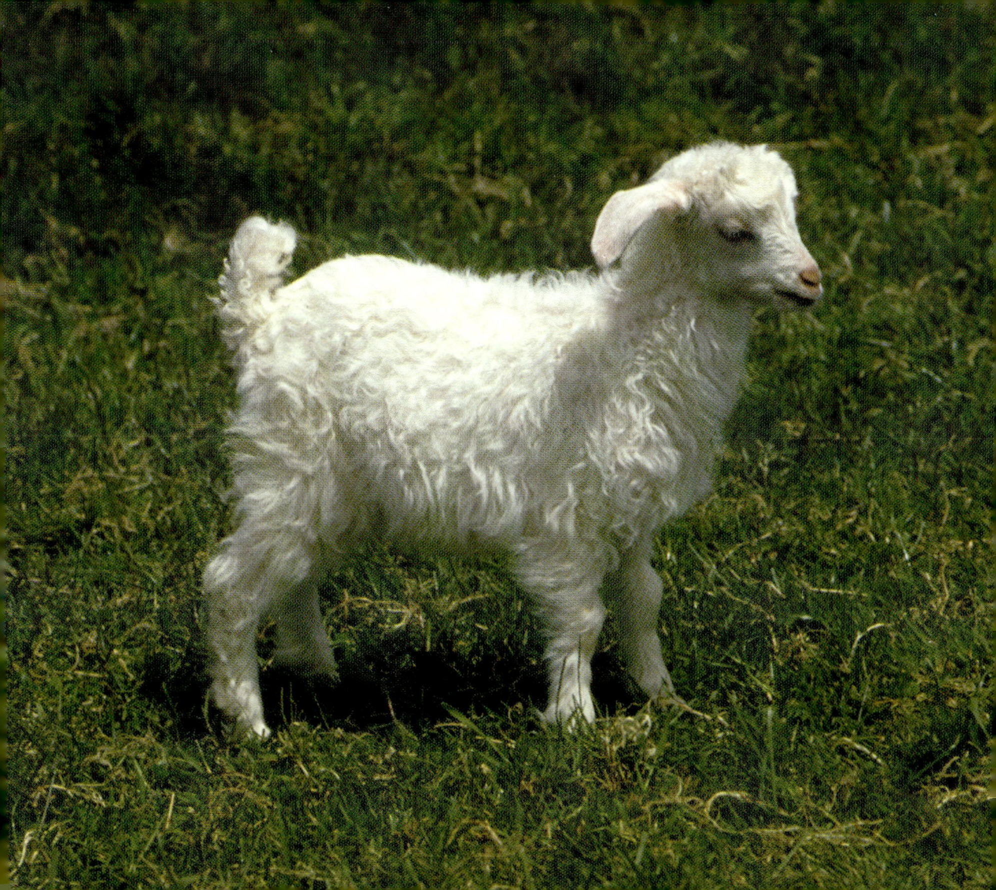

kitchen

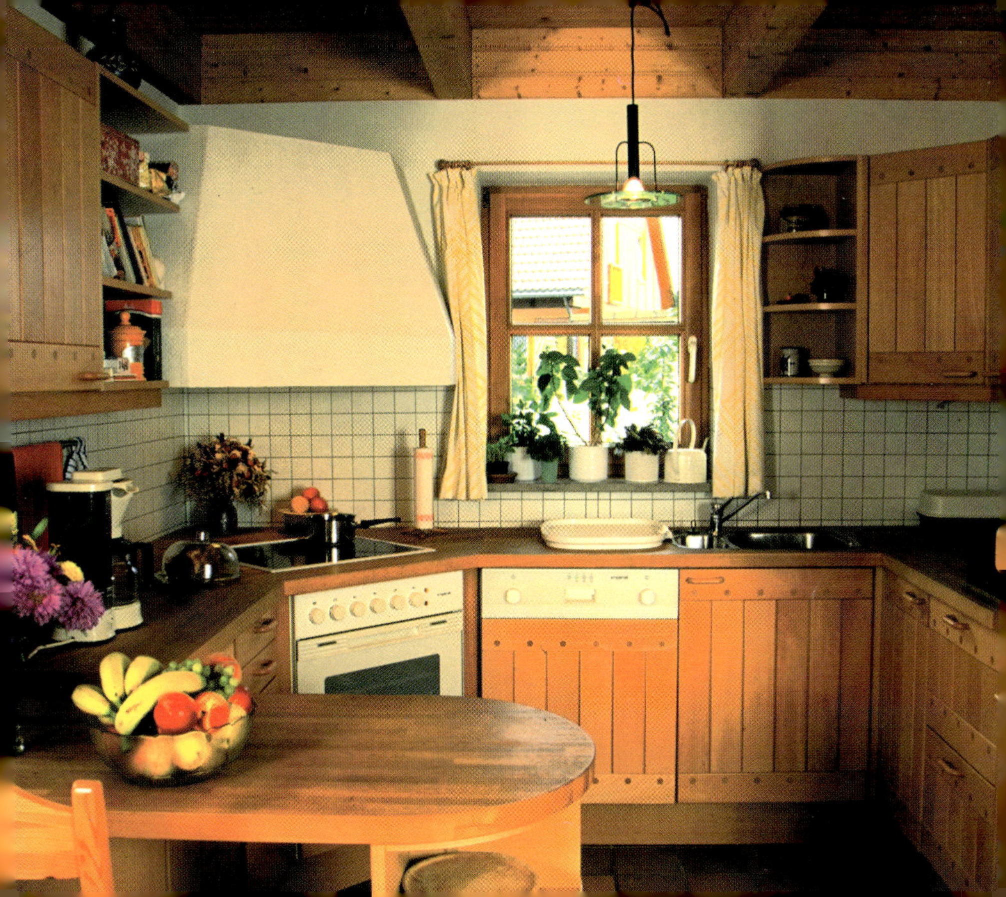

k

keys

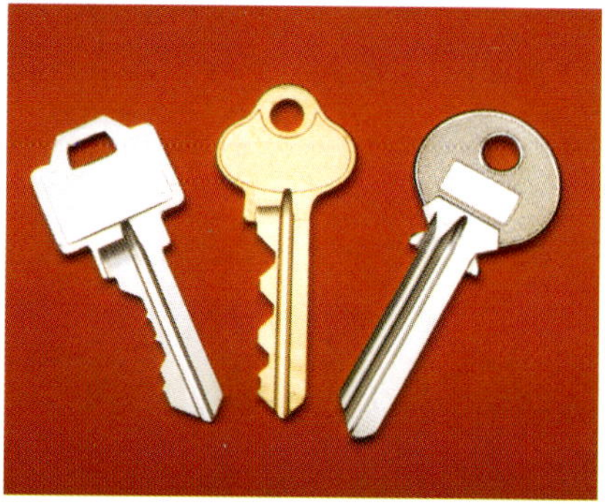